Data:______________ Settimana:____

Nome	Ora	Persone	Telefono #	Camera - Tavolo	Importante

Data:______________ Settimana:____

Nome	Ora	Persone	Telefono #	Camera -Tavolo	Importante

Data: ________________ Settimana: ____

Nome	Ora	Persone	Telefono #	Camera - Tavolo	Importante

Data:______________ Settimana:____

Nome	Ora	Persone	Telefono #	Camera -Tavolo	Importante

Data:________________ Settimana:____

Nome	Ora	Persone	Telefono #	Camera -Tavolo	Importante

Data:_______________ Settimana:____

Nome	Ora	Persone	Telefono #	Camera -Tavolo	Importante

Data:________________ Settimana:____

Nome	Ora	Persone	Telefono #	Camera -Tavolo	Importante

Data:________________ Settimana:____

Nome	Ora	Persone	Telefono #	Camera - Tavolo	Importante

Data:_______________ Settimana:____

Nome	Ora	Persone	Telefono #	Camera -Tavolo	Importante

Data:_______________ Settimana:____

Nome	Ora	Persone	Telefono #	Camera -Tavolo	Importante

Data:________________ Settimana:____

Nome	Ora	Persone	Telefono #	Camera - Tavolo	Importante

Data:_______________ Settimana:____

Nome	Ora	Persone	Telefono #	Camera -Tavolo	Importante

Data: ______________ Settimana: ____

Nome	Ora	Persone	Telefono #	Camera - Tavolo	Importante

Data:______________ Settimana:____

Nome	Ora	Persone	Telefono #	Camera -Tavolo	Importante

Data:______________ Settimana:____

Nome	Ora	Persone	Telefono #	Camera -Tavolo	Importante

Data:_______________ Settimana:____

Nome	Ora	Persone	Telefono #	Camera -Tavolo	Importante

Data:_______________ Settimana:____

Nome	Ora	Persone	Telefono #	Camera - Tavolo	Importante

Data:______________ Settimana:____

Nome	Ora	Persone	Telefono #	Camera - Tavolo	Importante

Data: ______________ Settimana: ____

Nome	Ora	Persone	Telefono #	Camera -Tavolo	Importante

Data:______________ Settimana:____

Nome	Ora	Persone	Telefono #	Camera -Tavolo	Importante

Data:_______________ Settimana:____

Nome	Ora	Persone	Telefono #	Camera -Tavolo	Importante

Data:______________ Settimana:____

Nome	Ora	Persone	Telefono #	Camera -Tavolo	Importante

Data:_______________ Settimana:____

Nome	Ora	Persone	Telefono #	Camera -Tavolo	Importante

Data:______________ Settimana:____

Nome	Ora	Persone	Telefono #	Camera -Tavolo	Importante

Data:_______________ Settimana:____

Nome	Ora	Persone	Telefono #	Camera -Tavolo	Importante

Data:_______________ Settimana:____

Nome	Ora	Persone	Telefono #	Camera -Tavolo	Importante

Data:________________ Settimana:____

Nome	Ora	Persone	Telefono #	Camera - Tavolo	Importante

Data: ______________ Settimana: ____

Nome	Ora	Persone	Telefono #	Camera -Tavolo	Importante

Data:______________ Settimana:____

Nome	Ora	Persone	Telefono #	Camera -Tavolo	Importante

Data:________________ Settimana:_____

Nome	Ora	Persone	Telefono #	Camera - Tavolo	Importante

Data:_______________ Settimana:____

Nome	Ora	Persone	Telefono #	Camera -Tavolo	Importante

Data:________________ Settimana:____

Nome	Ora	Persone	Telefono #	Camera -Tavolo	Importante

Data:________________ Settimana:____

Nome	Ora	Persone	Telefono #	Camera -Tavolo	Importante

Data:______________ Settimana:____

Nome	Ora	Persone	Telefono #	Camera -Tavolo	Importante

Data:______________ Settimana:____

Nome	Ora	Persone	Telefono #	Camera -Tavolo	Importante

Data:_______________ Settimana:____

Nome	Ora	Persone	Telefono #	Camera -Tavolo	Importante

Data:________________ Settimana:____

Nome	Ora	Persone	Telefono #	Camera -Tavolo	Importante

Data:______________ Settimana:____

Nome	Ora	Persone	Telefono #	Camera -Tavolo	Importante

Data:_______________ Settimana:____

Nome	Ora	Persone	Telefono #	Camera -Tavolo	Importante

Data:______________ Settimana:____

Nome	Ora	Persone	Telefono #	Camera - Tavolo	Importante

Data:______________ Settimana:____

Nome	Ora	Persone	Telefono #	Camera -Tavolo	Importante

Data:_______________ Settimana:____

Nome	Ora	Persone	Telefono #	Camera -Tavolo	Importante

Data:_______________ Settimana:____

Nome	Ora	Persone	Telefono #	Camera - Tavolo	Importante

Data:______________ Settimana:____

Nome	Ora	Persone	Telefono #	Camera -Tavolo	Importante

Data:________________ Settimana:____

Nome	Ora	Persone	Telefono #	Camera -Tavolo	Importante

Data:_______________ Settimana:____

Nome	Ora	Persone	Telefono #	Camera -Tavolo	Importante

Data:_______________ Settimana:____

Nome	Ora	Persone	Telefono #	Camera -Tavolo	Importante

Data:_______________ Settimana:____

Nome	Ora	Persone	Telefono #	Camera -Tavolo	Importante

Data: ______________ Settimana: ____

Nome	Ora	Persone	Telefono #	Camera -Tavolo	Importante

Data:______________ Settimana:____

Nome	Ora	Persone	Telefono #	Camera - Tavolo	Importante

Data:_______________ Settimana:____

Nome	Ora	Persone	Telefono #	Camera - Tavolo	Importante

Data:______________ Settimana:____

Nome	Ora	Persone	Telefono #	Camera - Tavolo	Importante

Data: ______________ Settimana: ____

Nome	Ora	Persone	Telefono #	Camera -Tavolo	Importante

Data:________________ Settimana:_____

Nome	Ora	Persone	Telefono #	Camera - Tavolo	Importante

Data: ______________ Settimana: ____

Nome	Ora	Persone	Telefono #	Camera -Tavolo	Importante

Data:_______________ Settimana:____

Nome	Ora	Persone	Telefono #	Camera - Tavolo	Importante

Data: _______________ Settimana: ____

Nome	Ora	Persone	Telefono #	Camera -Tavolo	Importante

Data:_______________ Settimana:____

Nome	Ora	Persone	Telefono #	Camera -Tavolo	Importante

Data:_______________ Settimana:____

Nome	Ora	Persone	Telefono #	Camera -Tavolo	Importante

Data:_______________ Settimana:____

Nome	Ora	Persone	Telefono #	Camera -Tavolo	Importante

Data:_______________ Settimana:____

Nome	Ora	Persone	Telefono #	Camera -Tavolo	Importante

Data:_______________ Settimana:____

Nome	Ora	Persone	Telefono #	Camera -Tavolo	Importante

Data:______________ Settimana:____

Nome	Ora	Persone	Telefono #	Camera -Tavolo	Importante

Data:_______________ Settimana:____

Nome	Ora	Persone	Telefono #	Camera -Tavolo	Importante

Data: ______________ Settimana: ____

Nome	Ora	Persone	Telefono #	Camera - Tavolo	Importante

Data:_______________ Settimana:____

Nome	Ora	Persone	Telefono #	Camera -Tavolo	Importante

Data:______________ Settimana:____

Nome	Ora	Persone	Telefono #	Camera -Tavolo	Importante

Data:______________ Settimana:____

Nome	Ora	Persone	Telefono #	Camera - Tavolo	Importante

Data:_______________ Settimana:____

Nome	Ora	Persone	Telefono #	Camera - Tavolo	Importante

Data: ______________ Settimana: ____

Nome	Ora	Persone	Telefono #	Camera - Tavolo	Importante

Data:_______________ Settimana:____

Nome	Ora	Persone	Telefono #	Camera -Tavolo	Importante

Data:______________ Settimana:____

Nome	Ora	Persone	Telefono #	Camera - Tavolo	Importante

Data:_______________ Settimana:____

Nome	Ora	Persone	Telefono #	Camera -Tavolo	Importante

Data:_______________ Settimana:____

Nome	Ora	Persone	Telefono #	Camera -Tavolo	Importante

Data:______________ Settimana:____

Nome	Ora	Persone	Telefono #	Camera -Tavolo	Importante

Data:______________ Settimana:____

Nome	Ora	Persone	Telefono #	Camera -Tavolo	Importante

Data: ______________ Settimana: ____

Nome	Ora	Persone	Telefono #	Camera -Tavolo	Importante

Data:______________ Settimana:____

Nome	Ora	Persone	Telefono #	Camera -Tavolo	Importante

Data:_______________ Settimana:____

Nome	Ora	Persone	Telefono #	Camera -Tavolo	Importante

Data:_______________ Settimana:____

Nome	Ora	Persone	Telefono #	Camera - Tavolo	Importante

Data:_______________ Settimana:____

Nome	Ora	Persone	Telefono #	Camera -Tavolo	Importante

Data:________________ Settimana:____

Nome	Ora	Persone	Telefono #	Camera -Tavolo	Importante

Data:______________ Settimana:____

Nome	Ora	Persone	Telefono #	Camera -Tavolo	Importante

Data:______________ Settimana:____

Nome	Ora	Persone	Telefono #	Camera -Tavolo	Importante

Data: ______________ Settimana: ____

Nome	Ora	Persone	Telefono #	Camera -Tavolo	Importante

Data:________________ Settimana:____

Nome	Ora	Persone	Telefono #	Camera -Tavolo	Importante

Data:________________ Settimana:____

Nome	Ora	Persone	Telefono #	Camera - Tavolo	Importante

Data:______________ Settimana:____

Nome	Ora	Persone	Telefono #	Camera - Tavolo	Importante

Data:_______________ Settimana:____

Nome	Ora	Persone	Telefono #	Camera - Tavolo	Importante

Data:_______________ Settimana:____

Nome	Ora	Persone	Telefono #	Camera -Tavolo	Importante

Data:_______________ Settimana:____

Nome	Ora	Persone	Telefono #	Camera -Tavolo	Importante

Data:_______________ Settimana:____

Nome	Ora	Persone	Telefono #	Camera - Tavolo	Importante

Data: ______________ Settimana: ____

Nome	Ora	Persone	Telefono #	Camera -Tavolo	Importante

Data:______________ Settimana:____

Nome	Ora	Persone	Telefono #	Camera -Tavolo	Importante

Data:_______________ Settimana:____

Nome	Ora	Persone	Telefono #	Camera -Tavolo	Importante

Data:______________ Settimana:____

Nome	Ora	Persone	Telefono #	Camera -Tavolo	Importante

Data:_______________ Settimana:____

Nome	Ora	Persone	Telefono #	Camera -Tavolo	Importante

Data:______________ Settimana:____

Nome	Ora	Persone	Telefono #	Camera -Tavolo	Importante

Data:______________ Settimana:____

Nome	Ora	Persone	Telefono #	Camera -Tavolo	Importante

Data:_______________ Settimana:____

Nome	Ora	Persone	Telefono #	Camera - Tavolo	Importante

Data: ______________ Settimana: ____

Nome	Ora	Persone	Telefono #	Camera -Tavolo	Importante

Data:______________ Settimana:____

Nome	Ora	Persone	Telefono #	Camera -Tavolo	Importante

Data:______________ Settimana:____

Nome	Ora	Persone	Telefono #	Camera -Tavolo	Importante

Data:______________ Settimana:____

Nome	Ora	Persone	Telefono #	Camera -Tavolo	Importante

Data:______________ Settimana:____

Nome	Ora	Persone	Telefono #	Camera -Tavolo	Importante

Data:_______________ Settimana:____

Nome	Ora	Persone	Telefono #	Camera -Tavolo	Importante

Data:________________ Settimana:____

Nome	Ora	Persone	Telefono #	Camera -Tavolo	Importante

Data:______________ Settimana:____

Nome	Ora	Persone	Telefono #	Camera - Tavolo	Importante

Data:_______________ Settimana:____

Nome	Ora	Persone	Telefono #	Camera -Tavolo	Importante

Data:________________ Settimana:____

Nome	Ora	Persone	Telefono #	Camera - Tavolo	Importante

Data:_______________ Settimana:____

Nome	Ora	Persone	Telefono #	Camera -Tavolo	Importante

Data:______________ Settimana:____

Nome	Ora	Persone	Telefono #	Camera - Tavolo	Importante

Data: ______________ Settimana: ____

Nome	Ora	Persone	Telefono #	Camera -Tavolo	Importante

Data:________________ Settimana:____

Nome	Ora	Persone	Telefono #	Camera - Tavolo	Importante

Data:_______________ Settimana:____

Nome	Ora	Persone	Telefono #	Camera -Tavolo	Importante

Data:_______________ Settimana:____

Nome	Ora	Persone	Telefono #	Camera - Tavolo	Importante

Data: ______________ Settimana: ____

Nome	Ora	Persone	Telefono #	Camera -Tavolo	Importante

Data:_______________ Settimana:____

Nome	Ora	Persone	Telefono #	Camera -Tavolo	Importante

Data:_______________ Settimana:____

Nome	Ora	Persone	Telefono #	Camera -Tavolo	Importante

Data:_______________ Settimana:____

Nome	Ora	Persone	Telefono #	Camera -Tavolo	Importante

Data:______________ Settimana:____

Nome	Ora	Persone	Telefono #	Camera -Tavolo	Importante

Data:______________ Settimana:____

Nome	Ora	Persone	Telefono #	Camera -Tavolo	Importante

Data:______________ Settimana:____

Nome	Ora	Persone	Telefono #	Camera -Tavolo	Importante

Data:_______________ Settimana:____

Nome	Ora	Persone	Telefono #	Camera -Tavolo	Importante

Data:________________ Settimana:____

Nome	Ora	Persone	Telefono #	Camera -Tavolo	Importante

Data:________________ Settimana:_____

Nome	Ora	Persone	Telefono #	Camera -Tavolo	Importante

Data:_______________ Settimana:____

Nome	Ora	Persone	Telefono #	Camera -Tavolo	Importante

Data:______________ Settimana:____

Nome	Ora	Persone	Telefono #	Camera -Tavolo	Importante

Data:________________ Settimana:____

Nome	Ora	Persone	Telefono #	Camera -Tavolo	Importante

Data:_______________ Settimana:____

Nome	Ora	Persone	Telefono #	Camera -Tavolo	Importante

Data:______________ Settimana:____

Nome	Ora	Persone	Telefono #	Camera -Tavolo	Importante

Data:_______________ Settimana:____

Nome	Ora	Persone	Telefono #	Camera -Tavolo	Importante

Data:________________ Settimana:____

Nome	Ora	Persone	Telefono #	Camera -Tavolo	Importante

Data:_______________ Settimana:____

Nome	Ora	Persone	Telefono #	Camera -Tavolo	Importante

Data:_______________ Settimana:____

Nome	Ora	Persone	Telefono #	Camera -Tavolo	Importante

Data:_______________ Settimana:____

Nome	Ora	Persone	Telefono #	Camera -Tavolo	Importante

Data:_______________ Settimana:____

Nome	Ora	Persone	Telefono #	Camera -Tavolo	Importante

Data:______________ Settimana:____

Nome	Ora	Persone	Telefono #	Camera -Tavolo	Importante

Data:______________ Settimana:____

Nome	Ora	Persone	Telefono #	Camera -Tavolo	Importante

Data:_______________ Settimana:____

Nome	Ora	Persone	Telefono #	Camera - Tavolo	Importante

Data:______________ Settimana:____

Nome	Ora	Persone	Telefono #	Camera -Tavolo	Importante

Data:________________ Settimana:____

Nome	Ora	Persone	Telefono #	Camera -Tavolo	Importante

Data:_______________ Settimana:____

Nome	Ora	Persone	Telefono #	Camera -Tavolo	Importante

Data:________________ Settimana:____

Nome	Ora	Persone	Telefono #	Camera -Tavolo	Importante

Data: ____________ Settimana: ____

Nome	Ora	Persone	Telefono #	Camera -Tavolo	Importante

Data: ______________ Settimana: ____

Nome	Ora	Persone	Telefono #	Camera - Tavolo	Importante

Data:________________ Settimana:____

Nome	Ora	Persone	Telefono #	Camera -Tavolo	Importante

Data:_______________ Settimana:____

Nome	Ora	Persone	Telefono #	Camera - Tavolo	Importante

Data:______________ Settimana:____

Nome	Ora	Persone	Telefono #	Camera -Tavolo	Importante

Data:______________ Settimana:____

Nome	Ora	Persone	Telefono #	Camera -Tavolo	Importante

Data:______________ Settimana:____

Nome	Ora	Persone	Telefono #	Camera -Tavolo	Importante

Data:______________ Settimana:____

Nome	Ora	Persone	Telefono #	Camera -Tavolo	Importante

Data:________________ Settimana:____

Nome	Ora	Persone	Telefono #	Camera -Tavolo	Importante

Data:______________ Settimana:____

Nome	Ora	Persone	Telefono #	Camera - Tavolo	Importante

Data:_______________ Settimana:____

Nome	Ora	Persone	Telefono #	Camera - Tavolo	Importante

Data:_______________ Settimana:____

Nome	Ora	Persone	Telefono #	Camera -Tavolo	Importante

Data:_______________ Settimana:____

Nome	Ora	Persone	Telefono #	Camera -Tavolo	Importante

Data:_______________ Settimana:____

Nome	Ora	Persone	Telefono #	Camera -Tavolo	Importante

Data:________________ Settimana:____

Nome	Ora	Persone	Telefono #	Camera -Tavolo	Importante

Data:_______________ Settimana:____

Nome	Ora	Persone	Telefono #	Camera - Tavolo	Importante

Data: ______________ Settimana: ____

Nome	Ora	Persone	Telefono #	Camera -Tavolo	Importante

Data:______________ Settimana:____

Nome	Ora	Persone	Telefono #	Camera - Tavolo	Importante

Data:______________ Settimana:____

Nome	Ora	Persone	Telefono #	Camera -Tavolo	Importante

Data: ______________ Settimana: ____

Nome	Ora	Persone	Telefono #	Camera - Tavolo	Importante

Data:_______________ Settimana:____

Nome	Ora	Persone	Telefono #	Camera -Tavolo	Importante

Data: ________________ Settimana: ____

Nome	Ora	Persone	Telefono #	Camera -Tavolo	Importante

Data:_______________ Settimana:____

Nome	Ora	Persone	Telefono #	Camera -Tavolo	Importante

Data:_______________ Settimana:____

Nome	Ora	Persone	Telefono #	Camera -Tavolo	Importante

Data: _______________ Settimana: ____

Nome	Ora	Persone	Telefono #	Camera -Tavolo	Importante

Data:______________ Settimana:____

Nome	Ora	Persone	Telefono #	Camera -Tavolo	Importante

Data:_______________ Settimana:____

Nome	Ora	Persone	Telefono #	Camera -Tavolo	Importante

Data:______________ Settimana:____

Nome	Ora	Persone	Telefono #	Camera -Tavolo	Importante

Data:______________ Settimana:____

Nome	Ora	Persone	Telefono #	Camera -Tavolo	Importante

Data:______________ Settimana:____

Nome	Ora	Persone	Telefono #	Camera -Tavolo	Importante

Data:________________ Settimana:____

Nome	Ora	Persone	Telefono #	Camera -Tavolo	Importante

Data:______________ Settimana:____

Nome	Ora	Persone	Telefono #	Camera -Tavolo	Importante

Data: ______________ Settimana: ____

Nome	Ora	Persone	Telefono #	Camera -Tavolo	Importante

Data:_______________ Settimana:____

Nome	Ora	Persone	Telefono #	Camera -Tavolo	Importante

Data:_______________ Settimana:____

Nome	Ora	Persone	Telefono #	Camera -Tavolo	Importante

Data:________________

Settimana:____

Nome	Ora	Persone	Telefono #	Camera -Tavolo	Importante

Data:_______________ Settimana:____

Nome	Ora	Persone	Telefono #	Camera -Tavolo	Importante

Data:_______________ Settimana:____

Nome	Ora	Persone	Telefono #	Camera -Tavolo	Importante

Data:______________ Settimana:____

Nome	Ora	Persone	Telefono #	Camera -Tavolo	Importante

Data:_______________ Settimana:____

Nome	Ora	Persone	Telefono #	Camera -Tavolo	Importante

Data:______________ Settimana:____

Nome	Ora	Persone	Telefono #	Camera -Tavolo	Importante

Data:_______________ Settimana:____

Nome	Ora	Persone	Telefono #	Camera - Tavolo	Importante

Data:______________ Settimana:____

Nome	Ora	Persone	Telefono #	Camera -Tavolo	Importante

Data:______________ Settimana:____

Nome	Ora	Persone	Telefono #	Camera -Tavolo	Importante

Data:_______________ Settimana:____

Nome	Ora	Persone	Telefono #	Camera -Tavolo	Importante

Data:______________ Settimana:____

Nome	Ora	Persone	Telefono #	Camera -Tavolo	Importante

Data:______________ Settimana:____

Nome	Ora	Persone	Telefono #	Camera -Tavolo	Importante

Data:________________ Settimana:____

Nome	Ora	Persone	Telefono #	Camera - Tavolo	Importante

Data:_______________ Settimana:____

Nome	Ora	Persone	Telefono #	Camera -Tavolo	Importante

Data:______________ Settimana:____

Nome	Ora	Persone	Telefono #	Camera -Tavolo	Importante

Data:______________ Settimana:____

Nome	Ora	Persone	Telefono #	Camera -Tavolo	Importante

Data:_______________ Settimana:____

Nome	Ora	Persone	Telefono #	Camera -Tavolo	Importante

Data:_______________ Settimana:____

Nome	Ora	Persone	Telefono #	Camera -Tavolo	Importante

Data:_______________ Settimana:____

Nome	Ora	Persone	Telefono #	Camera -Tavolo	Importante

Data:_______________ Settimana:____

Nome	Ora	Persone	Telefono #	Camera -Tavolo	Importante

Data:______________ Settimana:____

Nome	Ora	Persone	Telefono #	Camera - Tavolo	Importante

Data: ______________ Settimana: ____

Nome	Ora	Persone	Telefono #	Camera -Tavolo	Importante

Data:_______________ Settimana:____

Nome	Ora	Persone	Telefono #	Camera -Tavolo	Importante

Data: ______________ Settimana: ____

Nome	Ora	Persone	Telefono #	Camera -Tavolo	Importante

Data:______________ Settimana:____

Nome	Ora	Persone	Telefono #	Camera - Tavolo	Importante

Data: ______________ Settimana: ____

Nome	Ora	Persone	Telefono #	Camera -Tavolo	Importante

Data:_______________ Settimana:____

Nome	Ora	Persone	Telefono #	Camera -Tavolo	Importante

Data:______________ Settimana:____

Nome	Ora	Persone	Telefono #	Camera -Tavolo	Importante

Data:_______________ Settimana:____

Nome	Ora	Persone	Telefono #	Camera -Tavolo	Importante

Data: ______________ Settimana: ____

Nome	Ora	Persone	Telefono #	Camera -Tavolo	Importante

Data:______________ Settimana:____

Nome	Ora	Persone	Telefono #	Camera -Tavolo	Importante

Data:______________ Settimana:____

Nome	Ora	Persone	Telefono #	Camera -Tavolo	Importante

Data:_______________ Settimana:____

Nome	Ora	Persone	Telefono #	Camera -Tavolo	Importante

Data:________________ Settimana:____

Nome	Ora	Persone	Telefono #	Camera -Tavolo	Importante

Data:_______________ Settimana:____

Nome	Ora	Persone	Telefono #	Camera -Tavolo	Importante

Data: ______________ Settimana: ____

Nome	Ora	Persone	Telefono #	Camera -Tavolo	Importante

Data:______________ Settimana:____

Nome	Ora	Persone	Telefono #	Camera - Tavolo	Importante

Data: ______________ Settimana: ____

Nome	Ora	Persone	Telefono #	Camera -Tavolo	Importante

Data:______________ Settimana:____

Nome	Ora	Persone	Telefono #	Camera - Tavolo	Importante

Data: ______________ Settimana: ____

Nome	Ora	Persone	Telefono #	Camera - Tavolo	Importante

Data:______________ Settimana:____

Nome	Ora	Persone	Telefono #	Camera - Tavolo	Importante

Data:_______________ Settimana:____

Nome	Ora	Persone	Telefono #	Camera - Tavolo	Importante

Data:______________ Settimana:____

Nome	Ora	Persone	Telefono #	Camera - Tavolo	Importante

Data:________________ Settimana:____

Nome	Ora	Persone	Telefono #	Camera -Tavolo	Importante

Data:______________ Settimana:____

Nome	Ora	Persone	Telefono #	Camera -Tavolo	Importante

Data:_______________ Settimana:____

Nome	Ora	Persone	Telefono #	Camera -Tavolo	Importante

Data:______________ Settimana:____

Nome	Ora	Persone	Telefono #	Camera - Tavolo	Importante

Data:______________ Settimana:____

Nome	Ora	Persone	Telefono #	Camera -Tavolo	Importante

Data:_______________ Settimana:____

Nome	Ora	Persone	Telefono #	Camera - Tavolo	Importante

Data:_______________ Settimana:____

Nome	Ora	Persone	Telefono #	Camera -Tavolo	Importante

Data: ______________ Settimana: ____

Nome	Ora	Persone	Telefono #	Camera - Tavolo	Importante

Data:_______________ Settimana:____

Nome	Ora	Persone	Telefono #	Camera -Tavolo	Importante

Data:______________ Settimana:____

Nome	Ora	Persone	Telefono #	Camera -Tavolo	Importante

Data:_______________ Settimana:____

Nome	Ora	Persone	Telefono #	Camera -Tavolo	Importante

Data:_______________ Settimana:____

Nome	Ora	Persone	Telefono #	Camera -Tavolo	Importante

Data:______________ Settimana:____

Nome	Ora	Persone	Telefono #	Camera -Tavolo	Importante

Data:______________ Settimana:____

Nome	Ora	Persone	Telefono #	Camera - Tavolo	Importante

Data:________________ Settimana:____

Nome	Ora	Persone	Telefono #	Camera -Tavolo	Importante

Data:_______________ Settimana:____

Nome	Ora	Persone	Telefono #	Camera -Tavolo	Importante

Data:______________ Settimana:____

Nome	Ora	Persone	Telefono #	Camera -Tavolo	Importante

Data:_______________ Settimana:____

Nome	Ora	Persone	Telefono #	Camera -Tavolo	Importante

Data:_______________ Settimana:____

Nome	Ora	Persone	Telefono #	Camera -Tavolo	Importante

Data:______________ Settimana:____

Nome	Ora	Persone	Telefono #	Camera - Tavolo	Importante

Data:______________ Settimana:____

Nome	Ora	Persone	Telefono #	Camera -Tavolo	Importante

Data:______________ Settimana:____

Nome	Ora	Persone	Telefono #	Camera - Tavolo	Importante

Data:______________ Settimana:____

Nome	Ora	Persone	Telefono #	Camera -Tavolo	Importante

Data: ______________ Settimana: ____

Nome	Ora	Persone	Telefono #	Camera - Tavolo	Importante

Data:______________ Settimana:____

Nome	Ora	Persone	Telefono #	Camera -Tavolo	Importante

Data:_______________ Settimana:____

Nome	Ora	Persone	Telefono #	Camera -Tavolo	Importante

Data: ______________ Settimana: ____

Nome	Ora	Persone	Telefono #	Camera -Tavolo	Importante

Data:______________ Settimana:____

Nome	Ora	Persone	Telefono #	Camera -Tavolo	Importante

Data:_______________ Settimana:____

Nome	Ora	Persone	Telefono #	Camera -Tavolo	Importante

Data:_______________ Settimana:____

Nome	Ora	Persone	Telefono #	Camera -Tavolo	Importante

Data:_______________ Settimana:____

Nome	Ora	Persone	Telefono #	Camera -Tavolo	Importante

Data:_______________ Settimana:____

Nome	Ora	Persone	Telefono #	Camera -Tavolo	Importante

Data:______________ Settimana:____

Nome	Ora	Persone	Telefono #	Camera -Tavolo	Importante

Data:______________ Settimana:____

Nome	Ora	Persone	Telefono #	Camera -Tavolo	Importante

Data:_______________ Settimana:____

Nome	Ora	Persone	Telefono #	Camera -Tavolo	Importante

Data:_______________ Settimana:____

Nome	Ora	Persone	Telefono #	Camera -Tavolo	Importante

Data:_______________ Settimana:____

Nome	Ora	Persone	Telefono #	Camera -Tavolo	Importante

Data:______________ Settimana:____

Nome	Ora	Persone	Telefono #	Camera -Tavolo	Importante

Data: ______________ Settimana: ____

Nome	Ora	Persone	Telefono #	Camera - Tavolo	Importante

Data:______________ Settimana:____

Nome	Ora	Persone	Telefono #	Camera -Tavolo	Importante

Data:_______________ Settimana:____

Nome	Ora	Persone	Telefono #	Camera -Tavolo	Importante

Data:_______________ Settimana:____

Nome	Ora	Persone	Telefono #	Camera -Tavolo	Importante

Data:______________ Settimana:____

Nome	Ora	Persone	Telefono #	Camera -Tavolo	Importante

Data:______________ Settimana:____

Nome	Ora	Persone	Telefono #	Camera -Tavolo	Importante

Data:______________ Settimana:____

Nome	Ora	Persone	Telefono #	Camera -Tavolo	Importante

Data:_______________ Settimana:____

Nome	Ora	Persone	Telefono #	Camera - Tavolo	Importante

Data:______________ Settimana:____

Nome	Ora	Persone	Telefono #	Camera -Tavolo	Importante

Data:________________ Settimana:____

Nome	Ora	Persone	Telefono #	Camera -Tavolo	Importante

Data:_______________ Settimana:____

Nome	Ora	Persone	Telefono #	Camera -Tavolo	Importante

Data:_______________ Settimana:____

Nome	Ora	Persone	Telefono #	Camera -Tavolo	Importante

Data: ______________ Settimana: ____

Nome	Ora	Persone	Telefono #	Camera -Tavolo	Importante

Data:_______________ Settimana:____

Nome	Ora	Persone	Telefono #	Camera -Tavolo	Importante

Data:______________ Settimana:____

Nome	Ora	Persone	Telefono #	Camera -Tavolo	Importante

Data:_______________ Settimana:____

Nome	Ora	Persone	Telefono #	Camera -Tavolo	Importante

Data:______________ Settimana:____

Nome	Ora	Persone	Telefono #	Camera -Tavolo	Importante

Data:______________ Settimana:____

Nome	Ora	Persone	Telefono #	Camera - Tavolo	Importante

Data:________________ Settimana:____

Nome	Ora	Persone	Telefono #	Camera -Tavolo	Importante

Data:______________ Settimana:____

Nome	Ora	Persone	Telefono #	Camera -Tavolo	Importante

Data:_______________ Settimana:____

Nome	Ora	Persone	Telefono #	Camera -Tavolo	Importante

Data:______________ Settimana:____

Nome	Ora	Persone	Telefono #	Camera -Tavolo	Importante

Data:______________ Settimana:____

Nome	Ora	Persone	Telefono #	Camera -Tavolo	Importante

Data:_______________ Settimana:____

Nome	Ora	Persone	Telefono #	Camera -Tavolo	Importante

Data:_______________ Settimana:____

Nome	Ora	Persone	Telefono #	Camera -Tavolo	Importante

Data:_______________ Settimana:____

Nome	Ora	Persone	Telefono #	Camera - Tavolo	Importante

Data: _______________ Settimana: ____

Nome	Ora	Persone	Telefono #	Camera -Tavolo	Importante

Data:______________ Settimana:____

Nome	Ora	Persone	Telefono #	Camera -Tavolo	Importante

Data:______________ Settimana:____

Nome	Ora	Persone	Telefono #	Camera -Tavolo	Importante

Data:______________ Settimana:____

Nome	Ora	Persone	Telefono #	Camera -Tavolo	Importante

Data:______________ Settimana:____

Nome	Ora	Persone	Telefono #	Camera -Tavolo	Importante

Data:______________ Settimana:____

Nome	Ora	Persone	Telefono #	Camera - Tavolo	Importante

Data: ______________ Settimana: ____

Nome	Ora	Persone	Telefono #	Camera -Tavolo	Importante

Data:_______________ Settimana:____

Nome	Ora	Persone	Telefono #	Camera - Tavolo	Importante

Data:_______________ Settimana:____

Nome	Ora	Persone	Telefono #	Camera - Tavolo	Importante

Data:_______________ Settimana:____

Nome	Ora	Persone	Telefono #	Camera -Tavolo	Importante

Data:________________ Settimana:____

Nome	Ora	Persone	Telefono #	Camera -Tavolo	Importante

Data:______________ Settimana:____

Nome	Ora	Persone	Telefono #	Camera - Tavolo	Importante

Data:______________ Settimana:____

Nome	Ora	Persone	Telefono #	Camera - Tavolo	Importante

Data:______________ Settimana:____

Nome	Ora	Persone	Telefono #	Camera - Tavolo	Importante

Data:______________ Settimana:____

Nome	Ora	Persone	Telefono #	Camera -Tavolo	Importante

Data:_______________ Settimana:____

Nome	Ora	Persone	Telefono #	Camera - Tavolo	Importante

Data:______________ Settimana:____

Nome	Ora	Persone	Telefono #	Camera -Tavolo	Importante

Data:_______________ Settimana:____

Nome	Ora	Persone	Telefono #	Camera - Tavolo	Importante

Data:______________ Settimana:____

Nome	Ora	Persone	Telefono #	Camera -Tavolo	Importante

Data:______________ Settimana:____

Nome	Ora	Persone	Telefono #	Camera -Tavolo	Importante

Data:______________ Settimana:____

Nome	Ora	Persone	Telefono #	Camera -Tavolo	Importante

Data:______________ Settimana:____

Nome	Ora	Persone	Telefono #	Camera -Tavolo	Importante

Data: ______________ Settimana: ____

Nome	Ora	Persone	Telefono #	Camera - Tavolo	Importante

Data:______________ Settimana:____

Nome	Ora	Persone	Telefono #	Camera -Tavolo	Importante

Data:______________ Settimana:____

Nome	Ora	Persone	Telefono #	Camera - Tavolo	Importante

Data:______________ Settimana:____

Nome	Ora	Persone	Telefono #	Camera -Tavolo	Importante

Data:_______________ Settimana:____

Nome	Ora	Persone	Telefono #	Camera -Tavolo	Importante

Data:______________ Settimana:____

Nome	Ora	Persone	Telefono #	Camera -Tavolo	Importante

Data:______________ Settimana:____

Nome	Ora	Persone	Telefono #	Camera -Tavolo	Importante

Data:______________ Settimana:____

Nome	Ora	Persone	Telefono #	Camera - Tavolo	Importante

Data:________________ Settimana:____

Nome	Ora	Persone	Telefono #	Camera -Tavolo	Importante

Data:______________ Settimana:____

Nome	Ora	Persone	Telefono #	Camera -Tavolo	Importante

Data:______________ Settimana:____

Nome	Ora	Persone	Telefono #	Camera -Tavolo	Importante

Data:_______________ Settimana:____

Nome	Ora	Persone	Telefono #	Camera -Tavolo	Importante

Data: ______________ Settimana: ____

Nome	Ora	Persone	Telefono #	Camera -Tavolo	Importante

Data:_______________ Settimana:____

Nome	Ora	Persone	Telefono #	Camera -Tavolo	Importante

Data:______________ Settimana:____

Nome	Ora	Persone	Telefono #	Camera -Tavolo	Importante

Data:______________ Settimana:____

Nome	Ora	Persone	Telefono #	Camera - Tavolo	Importante

Data:______________ Settimana:____

Nome	Ora	Persone	Telefono #	Camera -Tavolo	Importante

Data:_______________ Settimana:____

Nome	Ora	Persone	Telefono #	Camera -Tavolo	Importante

Data:______________ Settimana:____

Nome	Ora	Persone	Telefono #	Camera -Tavolo	Importante

Data:_______________ Settimana:____

Nome	Ora	Persone	Telefono #	Camera -Tavolo	Importante

Data:_______________ Settimana:____

Nome	Ora	Persone	Telefono #	Camera -Tavolo	Importante

Data:______________ Settimana:____

Nome	Ora	Persone	Telefono #	Camera -Tavolo	Importante

Data:_______________ Settimana:____

Nome	Ora	Persone	Telefono #	Camera -Tavolo	Importante

Data:________________ Settimana:____

Nome	Ora	Persone	Telefono #	Camera -Tavolo	Importante

Data:______________ Settimana:____

Nome	Ora	Persone	Telefono #	Camera -Tavolo	Importante

Data:______________ Settimana:____

Nome	Ora	Persone	Telefono #	Camera -Tavolo	Importante

Data:______________ Settimana:____

Nome	Ora	Persone	Telefono #	Camera - Tavolo	Importante

Data:________________ Settimana:____

Nome	Ora	Persone	Telefono #	Camera -Tavolo	Importante

Data:_______________ Settimana:____

Nome	Ora	Persone	Telefono #	Camera -Tavolo	Importante

Data:_______________ Settimana:____

Nome	Ora	Persone	Telefono #	Camera -Tavolo	Importante

Data:_______________ Settimana:____

Nome	Ora	Persone	Telefono #	Camera - Tavolo	Importante

Data:______________ Settimana:____

Nome	Ora	Persone	Telefono #	Camera - Tavolo	Importante

Data:_______________ Settimana:____

Nome	Ora	Persone	Telefono #	Camera -Tavolo	Importante

Data:______________ Settimana:____

Nome	Ora	Persone	Telefono #	Camera -Tavolo	Importante

Data:________________ Settimana:_____

Nome	Ora	Persone	Telefono #	Camera -Tavolo	Importante

Data:_______________ Settimana:____

Nome	Ora	Persone	Telefono #	Camera -Tavolo	Importante

Data:______________ Settimana:____

Nome	Ora	Persone	Telefono #	Camera - Tavolo	Importante

Data:______________ Settimana:____

Nome	Ora	Persone	Telefono #	Camera - Tavolo	Importante

Data:______________ Settimana:____

Nome	Ora	Persone	Telefono #	Camera -Tavolo	Importante

Data:______________ Settimana:____

Nome	Ora	Persone	Telefono #	Camera -Tavolo	Importante

Data: ______________ Settimana: ____

Nome	Ora	Persone	Telefono #	Camera -Tavolo	Importante

Data:_______________ Settimana:____

Nome	Ora	Persone	Telefono #	Camera -Tavolo	Importante

Data:______________ Settimana:____

Nome	Ora	Persone	Telefono #	Camera -Tavolo	Importante

Data:________________ Settimana:____

Nome	Ora	Persone	Telefono #	Camera -Tavolo	Importante

Data:_______________ Settimana:____

Nome	Ora	Persone	Telefono #	Camera -Tavolo	Importante

Data:______________ Settimana:____

Nome	Ora	Persone	Telefono #	Camera - Tavolo	Importante

Data:_______________ Settimana:____

Nome	Ora	Persone	Telefono #	Camera -Tavolo	Importante

Data:_______________ Settimana:____

Nome	Ora	Persone	Telefono #	Camera -Tavolo	Importante

Data: ______________ Settimana: ____

Nome	Ora	Persone	Telefono #	Camera - Tavolo	Importante

Data: ______________ Settimana: ____

Nome	Ora	Persone	Telefono #	Camera -Tavolo	Importante

Data:______________ Settimana:____

Nome	Ora	Persone	Telefono #	Camera -Tavolo	Importante

Data:______________ Settimana:____

Nome	Ora	Persone	Telefono #	Camera - Tavolo	Importante

Data: ______________ Settimana: ____

Nome	Ora	Persone	Telefono #	Camera -Tavolo	Importante

Data:________________ Settimana:____

Nome	Ora	Persone	Telefono #	Camera -Tavolo	Importante

Data: _______________ Settimana: ____

Nome	Ora	Persone	Telefono #	Camera -Tavolo	Importante

Data: ______________ Settimana: ____

Nome	Ora	Persone	Telefono #	Camera -Tavolo	Importante

Data:_______________ Settimana:____

Nome	Ora	Persone	Telefono #	Camera -Tavolo	Importante

Data: ______________ Settimana: ____

Nome	Ora	Persone	Telefono #	Camera - Tavolo	Importante

Data:________________ Settimana:____

Nome	Ora	Persone	Telefono #	Camera -Tavolo	Importante

Data:_______________ Settimana:____

Nome	Ora	Persone	Telefono #	Camera -Tavolo	Importante